Sagor på Två Språk: Engelska och Svenska Berättelser för Barn

Coledown English

Published by Coledown English, 2023.

While every precaution has been taken in the preparation of this book, the publisher assumes no responsibility for errors or omissions, or for damages resulting from the use of the information contained herein.

SAGOR PÅ TVÅ SPRÅK: ENGELSKA OCH SVENSKA BERÄTTELSER FÖR BARN

First edition. September 4, 2023.

Copyright © 2023 Coledown English.

ISBN: 979-8223441878

Written by Coledown English.

Table of Contents

The Adventures of Lilla Mus and Stora Katt - Äventyren med Lilla Mus och Stora Katt

Once upon a time, in a cozy little village nestled deep in the Swedish countryside, there lived a small mouse named Lilla Mus. She had the most beautiful, shiny, golden fur that shimmered like the sun. Lilla Mus was known far and wide for her courage and kindness. Every evening, she would gather her friends, the birds, and the squirrels, under the twinkling stars, and tell them stories of her adventures.

En gång i tiden, i en mysig liten by gömd djupt inne i svenska landsbygden, bodde där en liten mus som hette Lilla Mus. Hon hade det vackraste, blanka, gyllene pälsen som glittrade som solen. Lilla Mus var känd vida omkring för sin mod och vänlighet. Varje kväll skulle hon samla sina vänner, fåglarna och ekorrarna, under de gnistrande stjärnorna och berätta för dem om sina äventyr.

One bright and sunny morning, Lilla Mus woke up with a big smile on her face. She had just dreamt of a grand adventure waiting for her deep in the forest. She scampered out of her cozy little hole and called out to her best friend, Stora Katt, who was the biggest and fluffiest cat in the village. "Stora Katt, wake up! I've had the most splendid dream, and I think we should go on an adventure today!"

Stora Katt yawned and stretched her long, soft body. She blinked her big, green eyes at Lilla Mus and said, "An adventure, you say? Well, I suppose it could be fun. Where shall we go, my dear friend?"

Lilla Mus excitedly told Stora Katt about her dream of a magical waterfall hidden deep within the enchanted forest. Legend had it that this waterfall had the power to grant one special wish to anyone who found it. Lilla Mus wished for the villagers to have an endless supply of delicious cheese, while Stora Katt wished for a never-ending supply of fluffy pillows to nap on. They giggled at their wishes and set off on their adventure, hand in paw.

Katt önskade sig en aldrig sinande försörjning av fluffiga kuddar att sova på. De skrattade åt sina önskningar och begav sig ut på sitt äventyr, hand i tass.

As they ventured deeper into the forest, they encountered all sorts of delightful creatures. Squirrel families scurried around collecting acorns, and birds sang cheerful songs from the treetops. Lilla Mus and Stora Katt couldn't help but join in the merriment.

När de vandrade djupare in i skogen stötte de på alla möjliga underbara varelser. Ekorr familjer sprattlade runt och samlade ekollon, och fåglar sjöng glada sånger från trädtopparna. Lilla Mus och Stora Katt kunde inte låta bli att delta i glädjen.

The sun filtered through the leaves, casting a warm, dappled light on their path. Lilla Mus spotted a sparkling brook and suggested they take a drink to refresh themselves. As they knelt down to sip the cool water, they heard a faint, melodic voice from the trees. It was a wise old owl named Uggla, perched high above them. "Welcome, young travelers. I sense you are on a quest. How may I assist you?" Uggla hooted in his deep, soothing voice.

Solen sipprade genom löven och kastade en varm, prickig belysning på deras väg. Lilla Mus såg en gnistrande bäck och föreslog att de skulle ta en drink för att friska upp sig. När de böjde sig ner för att sippa det kalla vattnet hörde de en svag, melodiös röst från träden. Det var en vis gammal uggla som hette Uggla, högt ovanför dem. "Välkomna, unga resenärer. Jag känner att ni är på en quest. Hur kan jag hjälpa er?" Uggla hoade med sin djupa, lugnande röst.

Lilla Mus and Stora Katt explained their quest to find the magical waterfall and make their wishes. Uggla nodded thoughtfully and said, "Ah, the magical waterfall is a well-guarded secret, known only to those with pure hearts and noble intentions. To find it, you must follow the path of kindness and bravery, for it will lead you to the heart of the forest where your wishes may come true."

Lilla Mus och Stora Katt förklarade sin quest att hitta det magiska vattenfallet och göra sina önskningar. Uggla nickade eftertänksamt och sa: "Åh, det magiska vattenfallet är en väl bevakad hemlighet, känd endast av dem med rena hjärtan och ädla avsikter. För att hitta det måste du följa vägen av vänlighet och mod, för det kommer att leda dig till skogens hjärta där dina önskningar kan bli sanna."

With Uggla's guidance, Lilla Mus and Stora Katt continued their journey, feeling both excited and determined. They helped a lost rabbit find its way home, shared their snacks with a hungry family of hedgehogs, and even rescued a tiny butterfly from a spider's web. The forest seemed to come alive with joy and gratitude, and their path became clearer with each act of kindness.

Med Uggla's vägledning fortsatte Lilla Mus och Stora Katt sin resa och kände sig både exalterade och beslutsamma. De hjälpte en förlorad kanin att hitta hem, delade sina snacks med en hungrig familj igelkottar och räddade till och med en liten fjäril från en spindelväv. Skogen verkade komma till liv av glädje och tacksamhet, och deras väg blev tydligare med varje handling av vänlighet.

Finally, after what felt like an eternity of adventures, Lilla Mus and Stora Katt reached the heart of the enchanted forest. They stood before a magnificent waterfall, its waters shimmering with every color of the rainbow. The air was filled with the sweet scent of blooming flowers, and the sound of the waterfall was like a soothing lullaby.

Till slut, efter vad som kändes som en evighet av äventyr, nådde Lilla Mus och Stora Katt skogens förtrollade hjärta. De stod framför ett magnifikt vattenfall, dess vatten glittrade i alla färger i regnbågen. Luft var fylld med den söta doften av blommande blommor, och ljudet av vattenfallet var som en lugnande vaggvisa.

Lilla Mus and Stora Katt gazed in wonder at the magical waterfall, their hearts filled with gratitude and hope. They each made their wishes, just as Uggla had told them to. Lilla Mus wished for endless cheese for the villagers, and Stora Katt wished for endless fluffy pillows. With a shimmer and a sparkle, their wishes came true, and they knew that their kindness and bravery had made it all possible.

Lilla Mus och Stora Katt stirrade förundrat på det magiska vattenfallet, deras hjärtan fyllda av tacksamhet och hopp. De gjorde sina önskningar, precis som Uggla hade sagt till dem. Lilla Mus önskade sig oändlig ost för byborna, och Stora Katt önskade sig oändliga fluffiga kuddar. Med ett skimmer och en gnista gick deras önskningar i uppfyllelse, och de visste att deras vänlighet och mod hade gjort allt möjligt.

With their hearts full of joy, Lilla Mus and Stora Katt made their way back home, taking with them the magic and wonder of the enchanted forest. They continued to share their adventures and the importance of kindness with their friends in the village, inspiring others to be brave and caring.

Med sina hjärtan fulla av glädje fortsatte Lilla Mus och Stora Katt sin väg tillbaka hem, och tog med sig magin och underverket i den förtrollade skogen. De fortsatte att dela med sig av sina äventyr och vikten av vänlighet med sina vänner i byn, inspirerande andra att vara modiga och omtänksamma.

And so, in the cozy little village nestled deep in the Swedish countryside, the legend of Lilla Mus and Stora Katt's adventure lived on for generations to come, a reminder that with kindness and bravery, even the wildest dreams can come true.

Och så, i den mysiga lilla byn gömd djupt inne i svenska landsbygden, levde legenden om Lilla Mus och Stora Katts äventyr vidare i generationer, en påminnelse om att med vänlighet och mod kan även de vildaste drömmar gå i uppfyllelse.

The Magical Meadow - Den Magiska Ängen

Once upon a time, in a picturesque village nestled between rolling hills and lush forests, there lived a young girl named Elsa. Elsa had a heart full of curiosity and a spirit as free as the wind. She was known throughout the village for her boundless imagination and her love for exploring the world around her.

En gång i tiden, i en pittoresk by som låg mellan böljande kullar och frodiga skogar, bodde det en ung flicka som hette Elsa. Elsa hade ett hjärta fullt av nyfikenhet och en själ lika fri som vinden. Hon var känd i hela byn för sin outsinliga fantasi och sin kärlek att utforska världen omkring sig.

One sunny morning, Elsa decided to embark on a new adventure. She packed a small bag with a picnic lunch, a journal, and her favorite crayons. With a skip in her step and a twinkle in her eye, she set off into the meadow at the edge of the village.

En solig morgon bestämde sig Elsa för att ge sig ut på ett nytt äventyr. Hon packade en liten väska med en picknicklunch, en dagbok och sina favoritkritor. Med ett skutt i steget och en glimt i ögat begav hon sig ut i ängen vid byns kant.

As she wandered deeper into the meadow, Elsa noticed something unusual. The flowers seemed to be talking to each other in soft, melodious voices. She crouched down to listen, and to her amazement, the flowers shared tales of the meadow's hidden magic. They spoke of a secret door that would open only to someone with a pure heart and an adventurous spirit.

När hon vandrade djupare in i ängen märkte Elsa något ovanligt. Blommorna verkade prata med varandra med mjuka, melodiska röster. Hon klev ner för att lyssna, och till sin förvåning delade blommorna med sig av berättelser om ängens gömda magi. De talade om en hemlig dörr som bara skulle öppna sig för någon med ett rent hjärta och en äventyrlig själ.

Elsa's heart raced with excitement as she set off to find this secret door. She followed the trail of talking flowers, each step filling her with wonder and anticipation. After what felt like hours, she arrived at a giant oak tree with a door at its base. The door was adorned with intricate carvings of animals, trees, and stars. It was the most beautiful door Elsa had ever seen.

Elsas hjärta rusade av spänning när hon gav sig iväg för att hitta den hemliga dörren. Hon följde spåret av pratande blommor, varje steg fylld av förundran och förväntan. Efter vad som kändes som timmar kom hon fram till ett gigantiskt ekträd med en dörr vid dess bas. Dörren var smyckad med intrikata sniderier av djur, träd och stjärnor. Det var den vackraste dörren Elsa någonsin hade sett.

With a deep breath and a heart full of courage, Elsa pushed open the door. To her astonishment, she stepped into a breathtaking world of enchantment. The meadow transformed into a magical forest, where trees whispered ancient secrets, and fireflies danced in a symphony of light.

Med ett djupt andetag och ett hjärta fyllt av mod sköt Elsa upp dörren. Till sin förvåning trädde hon in i en fantastisk värld av förtrollning. Ängen förvandlades till en magisk skog, där träden viskade uråldriga hemligheter och eldflugor dansade i ett ljusets symfoni.

Elsa spent hours exploring this wondrous forest, making friends with talking animals and discovering hidden waterfalls. She felt like a character from a fairy tale, and her heart was brimming with happiness.

Elsa tillbringade timmar med att utforska den underbara skogen, blev vän med pratande djur och upptäckte gömda vattenfall. Hon kände sig som en karaktär från ett sagoland, och hennes hjärta var fyllt av lycka.

As the sun began to set, Elsa knew it was time to return home. With a heavy heart, she said goodbye to her newfound friends and stepped back through the enchanted door.

När solen började gå ner visste Elsa att det var dags att återvända hem. Med ett tungt hjärta sa hon adjö till sina nyfunna vänner och trädde tillbaka genom den förtrollade dörren.

Back in the meadow, Elsa couldn't help but smile. She had experienced a magical adventure beyond her wildest dreams, and her heart was filled with stories to share. She knew that the meadow held countless more secrets, waiting for others with pure hearts and adventurous spirits to discover.

Tillbaka i ängen kunde Elsa inte låta bli att le. Hon hade upplevt ett magiskt äventyr bortom sina vildaste drömmar, och hennes hjärta var fyllt av berättelser att dela med sig av. Hon visste att ängen höll otaliga fler hemligheter, som väntade på andra med rena hjärtan och äventyrliga själar att upptäcka.

And so, in the picturesque village nestled between rolling hills and lush forests, the legend of Elsa and the magical meadow lived on, inspiring generations to explore the wonders of the world and to follow their hearts wherever they may lead.

Och så, i den pittoreska byn som låg mellan böljande kullar och frodiga skogar, levde legenden om Elsa och den magiska ängen vidare, inspirerande generationer att utforska världens underverk och att följa sina hjärtan vart de än må leda.

The Little Star's Journey - Den Lilla Stjärnans Resa

In a distant corner of the universe, there was a tiny, sparkling star named Stella. Stella lived in the vast night sky, surrounded by countless other stars, and she dreamt of embarking on an extraordinary adventure. She longed to see the galaxies, comets, and planets up close, but she was too afraid to leave her comfortable spot in the sky.

I en avlägsen del av universum fanns det en liten, gnistrande stjärna som hette Stella. Stella bodde i den vidsträckta natt himlen, omgiven av otaliga andra stjärnor, och hon drömde om att ge sig ut på ett extraordinärt äventyr. Hon längtade efter att se galaxerna, kometerna och planeterna på nära håll, men hon var alltför rädd att lämna sin bekväma plats på himlen.

One night, as Stella was shining brightly, she saw a shooting star streaking across the sky. It left a trail of stardust behind, and Stella couldn't help but wonder where it was headed. Determined to overcome her fear, Stella decided to follow the stardust trail and see where it led.

En natt, när Stella lyste klart, såg hon en stjärnskott som streakade över himlen. Den lämnade ett spår av stjärndamm bakom sig, och Stella kunde inte låta bli att undra vart den var på väg. Fast besluten att övervinna sin rädsla beslutade sig Stella för att följa stjärndammspåret och se vart det ledde.

As Stella followed the stardust, she passed by other stars, each with its own unique glow and personality. They cheered her on, encouraging her to keep going and not to be afraid. Stella felt a warmth in her heart as she realized she was not alone in her journey.

När Stella följde stjärndammet passerade hon andra stjärnor, var och en med sin egen unika glöd och personlighet. De hejade på henne och uppmanade henne att fortsätta och inte vara rädd. Stella kände en värme i sitt hjärta när hon insåg att hon inte var ensam i sin resa.

After what felt like an eternity, Stella arrived at the edge of the Milky Way. She gazed in awe at the swirling galaxies, their colors and patterns more beautiful than she could have ever imagined. Stella felt a surge of courage and decided to venture further into the unknown.

Efter vad som kändes som en evighet nådde Stella kanten av Vintergatan. Hon stirrade med förundran på de virvlande galaxerna, deras färger och mönster vackrare än hon någonsin kunde ha föreställt sig. Stella kände en våg av mod och bestämde sig för att våga sig längre in i det okända.

As she journeyed through the cosmos, Stella encountered comets with long, fiery tails and planets with breathtaking landscapes. She even made friends with a friendly asteroid who showed her the wonders of the asteroid belt. Stella's heart swelled with joy and gratitude for all the incredible experiences she was having.

När hon färdades genom rymden stötte Stella på kometer med långa, eldiga svansar och planeter med hisnande landskap. Hon blev till och med vän med en vänlig asteroid som visade henne asteroidbältets underverk. Stellas hjärta svämmade över av glädje och tacksamhet för alla otroliga upplevelser hon hade.

One day, as Stella was exploring a distant galaxy, she spotted a beautiful blue planet called Earth. From her vantage point in the sky, she saw children playing, animals frolicking, and oceans shimmering in the sunlight. Stella was filled with a deep sense of wonder and realized that her journey had brought her to a place of incredible beauty and life.

En dag när Stella utforskade en avlägsen galax såg hon en vacker blå planet som kallades Jorden. Från sin utkiksplats på himlen såg hon barn som lekte, djur som busade och hav som glittrade i solskenet. Stella fylldes av en djup känsla av undran och insåg att hennes resa hade fört henne till en plats av otrolig skönhet och liv.

With a heart full of contentment, Stella decided it was time to return to her place in the night sky. She bid farewell to the planets and stars she had met along the way, promising to visit them again someday.

Med ett hjärta fyllt av tillfredsställelse bestämde sig Stella för att det var dags att återvända till sin plats på natt himlen. Hon tog farväl av de planeter och stjärnor hon hade mött på vägen och lovade att besöka dem igen någon dag.

Stella followed the stardust trail back home, feeling grateful for the courage she had found and the incredible journey she had experienced. As she resumed her place in the night sky, she shone even brighter, a tiny star with a heart full of stories to tell.

Stella följde stjärndammspåret tillbaka hem, kände tacksamhet för det mod hon hade funnit och den otroliga resa hon hade upplevt. När hon återtog sin plats på natt himlen lyste hon ännu starkare, en liten stjärna med ett hjärta fullt av berättelser att berätta.

And so, in the vast expanse of the universe, Stella's journey became a legend, a reminder that even the smallest stars can have the biggest adventures and that courage can light up the darkest of skies.

Och så, i det vidsträckta universum, blev Stellas resa en legend, en påminnelse om att även de minsta stjärnorna kan ha de största äventyren och att mod kan lysa upp de mörkaste himlarna.

The Enchanted Forest Friends - De Förtrollade Skogens Vänner

Deep within the heart of a mystical forest, there lived a diverse group of woodland creatures who were the best of friends. There was Finley the wise old owl, Luna the graceful deer, Bramble the mischievous squirrel, and Dottie the gentle rabbit. They were known far and wide as "The Enchanted Forest Friends." Each day, they gathered beneath the ancient oak tree to share stories and play games.

Långt inne i hjärtat av en mystisk skog bodde en mångfaldig grupp skogslevande varelser som var de bästa av vänner. Där fanns Finley, den vise gamla ugglan, Luna, den gracila hjorten, Bramble, den busige ekorren, och Dottie, den milda kaninen. De var kända vida omkring som "De Förtrollade Skogens Vänner." Varje dag samlades de under den gamla eken för att dela berättelser och leka spel.

One sunny morning, Luna bounded into their meeting spot with an air of excitement. "I had the most enchanting dream last night," she exclaimed, her eyes sparkling like dewdrops in the sunlight. "I dreamt of a magical flower that blooms only once a century, and it's said to grant a single wish to the one who finds it."

En solig morgon hoppade Luna in på sin samlingsplats med en känsla av spänning. "Jag hade den mest förtrollande drömmen i natt," utbrast hon, hennes ögon gnistrade som daggdroppar i solskenet. "Jag drömde om en magisk blomma som blommar bara en gång per århundrade, och det sägs att den kan uppfylla en enda önskan för den som hittar den."

The other friends gasped in amazement, their curiosity piqued. They decided that they must embark on a quest to find this rare flower and make a wish that would benefit their beloved forest. And so, with excitement in their hearts, the Enchanted Forest Friends set off on a grand adventure, each contributing their unique skills to the journey.

De andra vännerna utbrast i förvåning, deras nyfikenhet väcktes. De bestämde sig för att de måste ge sig ut på ett äventyr för att hitta denna sällsynta blomma och göra en önskan som skulle gynna sin älskade skog. Så, med spänning i sina hjärtan, gav sig De Förtrollade Skogens Vänner iväg på ett storslaget äventyr, där var och en bidrog med sina unika färdigheter till resan.

Finley, with his wisdom, served as their guide, leading them through the densest parts of the forest with ease. Luna's grace allowed her to leap over obstacles and warn the group of any danger ahead. Bramble's mischievous nature came in handy when they needed to gather supplies and find their way through hidden paths. Dottie's gentle spirit kept their morale high, and her intuition guided them when they faced tough decisions.

Finley, med sin visdom, fungerade som deras guide och ledde dem genom skogens tätaste delar med lätthet. Lunas grace tillät henne att hoppa över hinder och varna gruppen för fara framför dem. Brambles busiga natur kom till nytta när de behövde samla förnödenheter och hitta vägen genom gömda stigar. Dotties milda

Their journey was filled with challenges and wonders, from crossing rushing streams on fallen logs to marveling at the iridescent glow of fireflies in the moonlit nights. Along the way, they encountered many forest creatures who shared stories and offered their assistance. Each encounter brought them closer to their goal, and their bond grew stronger with every step.

Deras resa var fylld av utmaningar och underverk, från att korsa strömmande bäckar på omkullfallna stockar till att förundras över eldflugornas skimmer i månskenets nätter. På vägen stötte de på många skogsvarelser som delade berättelser och erbjöd sin hjälp. Varje möte förde dem närmare deras mål, och deras band växte starkare med varje steg.

After many days of adventure, they reached a hidden glade bathed in golden sunlight. There, in the center of the glade, stood the legendary flower, its petals shimmering with a mesmerizing, otherworldly glow. The Enchanted Forest Friends gathered around it, their hearts full of gratitude for the journey that had brought them here.

Efter många dagar av äventyr nådde de en gömd glänta som badade i gyllene solljus. Där, i gläntans centrum, stod den legendariska blomman, dess kronblad glittrade med en hypnotiserande, överjordisk glöd. De Förtrollade Skogens Vänner samlades runt den, deras hjärtan fyllda av tacksamhet för den resa som hade fört dem hit.

Together, they made their wish, a wish not for themselves but for the entire forest they loved. They wished for everlasting peace, harmony, and protection for their home. As they made their wish, the magical flower burst into a cascade of sparkling petals, spreading their wish throughout the forest.

Tillsammans gjorde de sin önskan, en önskan inte för sig själva utan för hela skogen de älskade. De önskade sig evig fred, harmoni och skydd för sitt hem. När de gjorde sin önskan exploderade den magiska blomman i en kaskad av gnistrande kronblad, sprider deras önskan genom skogen.

Their quest fulfilled, the Enchanted Forest Friends returned to their meeting spot beneath the ancient oak tree. They knew that their bond and their love for their forest would only grow stronger with time. And so, in the heart of the mystical forest, they continued to gather, sharing stories and playing games, grateful for the magical adventure that had brought them closer than ever before.

Deras uppdrag var uppfyllt, De Förtrollade Skogens Vänner återvände till sin samlingsplats under den gamla eken. De visste att deras band och deras kärlek till sin skog bara skulle växa starkare med tiden. Och så, i den mystiska skogens hjärta, fortsatte de att samlas, dela berättelser och spela spel, tacksamma för det magiska äventyr som hade fört dem närmare än någonsin tidigare.

The Little Bee's Big Adventure - Den Lilla Binas Stora Äventyr

In a vibrant meadow, where wildflowers painted the landscape with their colorful blooms, there lived a little bee named Bella. Bella was not like the other bees in the hive. She possessed an insatiable curiosity and an adventurous spirit that set her apart. While her sisters diligently collected nectar and pollen, Bella often found herself gazing beyond the meadow's edge, wondering what lay beyond.

I en färgglad äng, där vilda blommor målade landskapet med sina färgstarka blommor, bodde en liten bi som hette Bella. Bella var inte som de andra bina i kupan. Hon hade en outsinlig nyfikenhet och en äventyrlig anda som skiljde henne från de andra. Medan hennes systrar flitigt samlade nektar och pollen, fann sig Bella ofta stirrande bortom ängens kant, undrande vad som låg bortom.

One sunny morning, as Bella buzzed from flower to flower, she noticed a butterfly with delicate wings that shimmered like jewels. The butterfly spoke of a faraway garden filled with exotic flowers and sweet nectar. Bella's heart fluttered with excitement, and she knew that she had to embark on an adventure to find this enchanting garden.

En solig morgon, när Bella surrade från blomma till blomma, märkte hon en fjäril med ömtåliga vingar som glittrade som juveler. Fjärilen berättade om en avlägsen trädgård fylld med exotiska blommor och söt nektar. Bellas hjärta fladdrade av spänning, och hon visste att hon måste ge sig ut på ett äventyr för att hitta denna förtrollande trädgård.

Bella returned to her hive and shared her dream with her fellow bees. Some bees were skeptical, fearing the unknown, but Bella's enthusiasm was infectious. She convinced a small group of adventurous bees to join her quest. Together, they would venture beyond the meadow and into the great unknown.

Bella återvände till sin kup och delade sin dröm med sina medsystrar. Vissa bin var skeptiska och rädda för det okända, men Bellas entusiasm var smittsam. Hon övertygade en liten grupp äventyrliga bin att följa med på hennes sökande. Tillsammans skulle de våga sig bortom ängen och in i det stora okända.

With the sun as their guide, Bella and her companions soared into the open sky, leaving the meadow behind. They marveled at the vastness of the world, with its towering trees, glistening rivers, and rolling hills. Along their journey, they encountered a friendly ladybug who offered them directions to the distant garden.

Med solen som sin guide, svävade Bella och hennes följeslagare in i den öppna himlen och lämnade ängen bakom sig. De förundrades över världens storlek, med dess höga träd, glittrande floder och böljande kullar. Under sin resa stötte de på en vänlig nyckelpiga som erbjöd dem vägbeskrivning till den avlägsna trädgården.

Their journey was not without challenges. They encountered fierce winds that threatened to blow them off course, and rain showers that soaked their wings. But Bella's determination and the unwavering support of her companions kept them going.

Deras resa var inte utan utmaningar. De stötte på kraftiga vindar som hotade att blåsa bort dem från kursen och regnskurar som blötte deras vingar. Men Bellas beslutsamhet och hennes följeslagares oföränderliga stöd höll dem på väg.

After days of travel, Bella and her companions finally arrived at the fabled garden. It was a paradise of vibrant colors and sweet fragrances, more beautiful than they could have ever imagined. Exotic flowers with petals of every hue stretched as far as the eye could see, and the nectar was the sweetest they had ever tasted.

Efter dagar av resa anlände Bella och hennes följeslagare äntligen till den mytomspunna trädgården. Det var ett paradis av livfulla färger och söta dofter, vackrare än de någonsin hade kunnat föreställa sig. Exotiska blommor med kronblad i varje nyans sträckte sig så långt ögat kunde nå, och nektarn var den sötaste de någonsin hade smakat.

As Bella and her companions sipped nectar from the enchanting flowers, they felt a deep sense of fulfillment and joy. Their journey had brought them to a place of wonder and beauty, and they knew they had made the right choice in venturing beyond the meadow.

När Bella och hennes följeslagare sörplade nektar från de förtrollande blommorna kände de en djup känsla av uppfyllelse och glädje. Deras resa hade fört dem till en plats av förundran och skönhet, och de visste att de hade gjort rätt val när de vågade sig bortom ängen.

After spending time in the magical garden, Bella and her companions made their way back to the meadow, their hearts full of stories to share with their hive. They had discovered that sometimes, the most extraordinary adventures await those who dare to explore the unknown.

Efter att ha tillbringat tid i den magiska trädgården begav sig Bella och hennes följeslagare tillbaka till ängen, deras hjärtan fyllda av berättelser att dela med sin kup. De hade upptäckt att ibland väntar de mest extraordinära äventyren på dem som vågar utforska det okända.

And so, in the vibrant meadow where wildflowers painted the landscape with their colorful blooms, Bella and her companions continued to buzz with excitement, knowing that every adventure held the promise of new discoveries and unforgettable moments.

Och så, i den färgglada ängen där vilda blommor målade landskapet med sina färgstarka blommor, fortsatte Bella och hennes följeslagare att surra av spänning, med vetskap om att varje äventyr höll löftet om nya upptäckter och oförglömliga ögonblick.

The Lost Starfish - Den Förlorade Sjöstjärnan

Once upon a time, in a charming coastal village nestled beside the glistening sea, there lived a young girl named Maya. Maya was known throughout the village for her kind heart and her deep love for the ocean. She spent her days exploring the shoreline, collecting seashells, and gazing out at the endless expanse of the sea.

En gång i tiden, i en charmig kustby som låg bredvid det skimrande havet, bodde det en ung flicka som hette Maya. Maya var känd i hela byn för sitt goda hjärta och sin djupa kärlek till havet. Hon tillbringade sina dagar med att utforska stranden, samla snäckor och stirra ut över havets oändliga utsträckning.

One bright morning, as Maya combed the shore for treasures, she noticed a small starfish stranded on the beach, struggling to return to the water. Maya's heart went out to the tiny creature, and without hesitation, she gently picked it up and carried it back to the sea. As she released it into the water, the starfish wiggled its arms in delight, grateful to be back in its natural habitat.

En ljus morgon, när Maya kammade stranden efter skatter, märkte hon en liten sjöstjärna som var strandsatt på stranden och kämpade för att återvända till vattnet. Mayas hjärta gick ut till den lilla varelsen, och utan att tveka plockäde hon försiktigt upp den och bar tillbaka den till havet. När hon släppte ner den i vattnet vickade sjöstjärnan med sina armar av glädje, tacksam att vara tillbaka i sin naturliga livsmiljö.

From that day on, Maya made it her mission to help any stranded starfish she came across. She believed that even small acts of kindness could make a big difference. Her compassion inspired others in the village to do the same, and soon, the beach became a place where starfish received a helping hand from caring villagers.

Från den dagen gjorde Maya det till sin uppgift att hjälpa alla strandade sjöstjärnor hon stötte på. Hon trodde att även små akter av godhet kunde göra en stor skillnad. Hennes medkänsla inspirerade andra i byn att göra detsamma, och snart blev stranden en plats där sjöstjärnor fick en hjälpande hand från omsorgsfulla bybor.

One day, as Maya was walking along the shore, she saw something unusual glinting in the sand. It was a golden starfish with shimmering arms. Maya had never seen such a rare and beautiful starfish before. She carefully picked it up and marveled at its beauty.

En dag, när Maya gick längs stranden, såg hon något ovanligt glittrande i sanden. Det var en gyllene sjöstjärna med skimrande armar. Maya hade aldrig sett en sådan sällsynt och vacker sjöstjärna tidigare. Hon plockade upp den försiktigt och förundrades över dess skönhet.

Maya decided to keep the golden starfish safe in a glass jar filled with seawater, so she could admire it every day. However, as the days passed, she couldn't help but feel that the starfish belonged in the sea, where it could swim freely and bring joy to others.

Maya beslutade sig för att hålla den gyllene sjöstjärnan säker i en glasburk fylld med havsvatten, så hon kunde beundra den varje dag. Men när dagarna gick kunde hon inte låta bli att känna att sjöstjärnan hörde hemma i havet, där den kunde simma fritt och sprida glädje till andra.

One evening, Maya took the jar with the golden starfish to the shore. With a heavy heart, she gently placed it in the water and watched as it swam away, its arms gleaming like a trail of stardust. Maya knew that the starfish belonged in the sea, where it could thrive and continue to inspire wonder and kindness.

En kväll tog Maya glasburken med den gyllene sjöstjärnan till stranden. Med ett tungt hjärta placerade hon den försiktigt i vattnet och såg på när den simmade iväg, dess armar glittrande som ett stjärndammsspår. Maya visste att sjöstjärnan hörde hemma i havet, där den kunde blomstra och fortsätta att inspirera till förundran och godhet.

As Maya stood on the shore, she felt a profound sense of fulfillment. She knew that her act of letting go had brought happiness not only to the golden starfish but also to herself. Maya understood that sometimes, the most precious moments in life were the ones we shared and the kindness we showed to others.

När Maya stod på stranden kände hon en djup känsla av uppfyllelse. Hon visste att hennes handling att släppa iväg hade fört glädje inte bara till den gyllene sjöstjärnan utan också till henne själv. Maya förstod att ibland var de mest värdefulla ögonblicken i livet de vi delade och den godhet vi visade mot andra.

From that day on, Maya continued to explore the shoreline, rescue stranded starfish, and share her love for the ocean with the world. And every time she looked out at the glistening sea, she knew that there was a world of wonder waiting to be discovered, one act of kindness at a time.

Från den dagen fortsatte Maya att utforska stranden, rädda strandade sjöstjärnor och dela sin kärlek till havet med världen. Och varje gång hon tittade ut över det skimrande havet visste hon att det fanns en värld av förundran som väntade på att upptäckas, en god gärning i taget.

The Magical Music Box - Den Magiska Musikasken

In a quaint little town nestled in the heart of the countryside, there lived a kind and gentle toymaker named Mr. Anderson. He was renowned throughout the town for creating the most exquisite and enchanting toys. Each of his creations held a touch of magic, and the children treasured them dearly. But there was one particular toy that was Mr. Anderson's most cherished creation – a magical music box.

I en pittoresk liten stad som låg gömd i hjärtat av landsbygden bodde en vänlig och mild leksaksmakare vid namn Herr Anderson. Han var känd i hela staden för att skapa de mest utsökta och förtrollande leksakerna. Var och en av hans skapelser bar en touch av magi, och barnen höll dem kärt. Men det fanns en särskild leksak som var Herr Andersons mest älskade skapelse - en magisk musikask.

The music box was a small, beautifully crafted wooden box with intricate carvings of birds and flowers. When wound up, it played the most enchanting melody that could soothe even the heaviest hearts. The melody was said to have the power to bring happiness and joy to anyone who heard it.

Musikasken var en liten, vackert snidad träask med intrikata utsmyckningar av fåglar och blommor. När den vreds upp spelade den den mest förtrollande melodin som kunde lugna även de tyngsta hjärtan. Melodin sades ha kraften att bringa lycka och glädje till den som hörde den.

One crisp autumn day, Mr. Anderson decided to share the magic of his music box with the town. He announced that he would hold a special concert in the town square, where the music box would play its enchanting melody for all to hear. The townsfolk were thrilled at the prospect and eagerly gathered in the square, waiting with bated breath for the concert to begin.

En krispig höstdag bestämde sig Herr Anderson för att dela med sig av sin musikasks magi till staden. Han meddelade att han skulle hålla en speciell konsert på stadsplatsen, där musikasken skulle spela sin förtrollande melodi för alla att höra. Stadsborna blev förtjusta över utsikten och samlades ivrigt på torget, väntande med bultande hjärtan på att konserten skulle börja.

As Mr. Anderson gently wound up the music box, a hush fell over the crowd. The enchanting melody began to fill the air, and it was as if the entire town was transported to a world of pure magic. People's faces lit up with joy, and some even danced to the sweet tune. The music was so beautiful that it seemed to make the leaves on the trees sway in rhythm, and the birds in the sky sang along.

När Herr Anderson försiktigt vred upp musikasken, föll en tystnad över folkmassan. Den förtrollande melodin började fylla luften, och det var som om hela staden fördes till en värld av ren magi. Människors ansikten lyste upp av glädje, och några dansade till den söta melodin. Musik var så vacker att det verkade få träden att svaja i takt, och fåglarna på himlen sjöng med.

But as the music reached its crescendo, something truly extraordinary happened. A gentle, golden light began to emanate from the music box, and it spread throughout the town square. It wrapped around the townsfolk, filling their hearts with warmth and a deep sense of contentment. It even touched the flowers, causing them to bloom in the most vibrant colors.

Men när musiken nådde sin kulmen hände något verkligt extraordinärt. Ett försiktigt, gyllene ljus började stråla från musikasken och spred sig över hela stadstorget. Det svepte in stadsborna och fyllde deras hjärtan med värme och en djup känsla av tillfredsställelse. Det rörde till och med blommorna och fick dem att blomma i de mest levande färgerna.

The townsfolk were in awe of the magical transformation taking place before their eyes. They knew that something truly special was happening, and it was all thanks to Mr. Anderson's magical music box.

Stadsborna var djupt imponerade av den magiska förvandlingen som ägde rum framför deras ögon. De visste att något verkligt speciellt höll på att hända, och det var allt tack vare Herr Andersons magiska musikask.

When the music finally came to an end, the golden light faded, leaving behind a sense of wonder and gratitude. The townsfolk couldn't thank Mr. Anderson enough for the incredible gift he had shared with them. They realized that the true magic of the music box wasn't just in its melody but in the joy, love, and togetherness it brought to their lives.

När musiken slutligen tog slut, försvann det gyllene ljuset och lämnade en känsla av förundran och tacksamhet. Stadsborna kunde inte tacka Herr Anderson tillräckligt för den otroliga gåva han hade delat med sig av. De insåg att den sanna magin i musikasken inte bara var i dess melodi utan i den glädje, kärlek och samhörighet som den förde till deras liv.

From that day on, the town square became a place of celebration and unity, where the townsfolk would gather to share the magic of the music box with each other and with visitors from far and wide. And Mr. Anderson's music box continued to bring happiness and wonder to generations of children and adults alike, a reminder that the most precious magic of all was the magic of love and kindness.

Från den dagen blev stadstorget en plats för firande och enhet, där stadsborna skulle samlas för att dela med sig av musikasks magi med varandra och med besökare från när och fjärran. Och Herr Andersons musikask fortsatte att bringa lycka och förundran till generationer av barn och vuxna, en påminnelse om att den mest värdefulla magin av allt var kärlekens och godhetens magi.

The Little Snowflake's Journey - Den Lilla Snöflingans Resa

Once upon a time, in a peaceful winter wonderland, there lived a little snowflake named Stella. Stella was one of the countless snowflakes that adorned the sky, but she longed for something more than just falling to the ground and melting away. She dreamt of a grand adventure, a journey that would take her to far-off places and show her the beauty of the world beyond.

En gång i tiden, i en fridfull vinterunderland, bodde en liten snöflinga vid namn Stella. Stella var en av de otaliga snöflingorna som prydde himlen, men hon längtade efter något mer än bara att falla till marken och smälta bort. Hon drömde om ett storslaget äventyr, en resa som skulle ta henne till avlägsna platser och visa henne skönheten i världen bortom.

One crisp winter's night, as Stella floated among her fellow snowflakes, a gust of wind suddenly swept her up into the sky. Stella tumbled and twirled, her delicate crystals shimmering in the moonlight. She found herself being carried higher and higher, far above the world she had always known.

En krispig vinternatt, när Stella svävade bland sina medsnöflingor, svepte en vindpust plötsligt upp henne i himlen. Stella ramlade och snurrade, hennes ömtåliga kristaller glittrade i månskenet. Hon befann sig bli buren högre och högre, långt över världen hon alltid hade känt.

As Stella soared through the night sky, she marveled at the beauty of the world below. She saw snow-covered mountains, frozen lakes, and sparkling cities. It was a world she had only dreamed of, and now she was a part of it. Stella's heart swelled with excitement, and she knew that this was the adventure she had been longing for.

När Stella svävade genom nattens himmel, förundrades hon över skönheten i världen nedanför. Hon såg snötäckta berg, frusna sjöar och glittrande städer. Det var en värld hon bara hade drömt om, och nu var hon en del av den. Stellas hjärta svällde av spänning, och hon visste att det här var äventyret hon hade längtat efter.

After what felt like an eternity, Stella began to descend, gently floating down toward the ground. She landed in a quiet forest, surrounded by tall trees covered in frost. The forest was a magical place, with the soft glow of moonlight filtering through the branches and creating a dreamlike atmosphere.

Efter vad som kändes som en evighet började Stella att sjunka, sakta flytande ner mot marken. Hon landade i en tyst skog, omgiven av höga träd täckta av frost. Skogen var en magisk plats, med månskenets mjuka sken som silades genom grenarna och skapade en drömsk atmosfär.

As Stella settled on a branch, she noticed a group of woodland animals gathered below. There were rabbits, squirrels, and even a wise old owl. They were all captivated by the sight of Stella, the little snowflake who had journeyed so far. They welcomed her with open hearts and shared stories of the wonders of the forest.

När Stella bosatte sig på en gren märkte hon en grupp skogslevande djur som samlats nedanför. Det fanns kaniner, ekorrar och till och med en vis gammal uggla. De var alla fängslade av synen av Stella, den lilla snöflingan som hade färdats så långt. De välkomnade henne med öppna hjärtan och delade med sig av berättelser om skogens underverk.

Days turned into weeks, and Stella grew to love her new home in the forest. She danced with the snowflakes that fell around her, sang songs with the birds, and even helped the animals prepare for the arrival of spring. Stella had found her place in the world, and she realized that the greatest adventure of all was the journey of self-discovery and the joy of being a part of something greater than herself.

Dagar blev veckor, och Stella växte att älska sitt nya hem i skogen. Hon dansade med snöflingorna som föll omkring henne, sjöng sånger med fåglarna och hjälpte till med att förbereda djuren för vårens ankomst. Stella hade hittat sin plats i världen, och hon insåg att det största äventyret av alla var upptäcktsresan inom sig själv och glädjen att vara en del av något större än sig själv.

As spring arrived, Stella knew that her time in the forest was coming to an end. She said her goodbyes to her forest friends, grateful for the love and friendship she had found there. Stella was lifted up into the sky once more, carried by the gentle winds. She looked down at the forest one last time, her heart filled with memories of her grand adventure.

När våren kom visste Stella att hennes tid i skogen närmade sig sitt slut. Hon sa adjö till sina skogsvänner, tacksam för den kärlek och vänskap hon hade funnit där. Stella blev lyft upp i himlen igen, buren av de mjuka vindarna. Hon tittade ner på skogen en sista gång, hennes hjärta fylld av minnen från sitt storslagna äventyr.

And as Stella floated among her fellow snowflakes once more, she knew that her journey was far from over. There were countless new adventures awaiting her, and she was ready to embrace them all. Stella had learned that even the smallest of snowflakes could have the biggest of dreams, and that the world was a wondrous place filled with beauty, love, and endless possibilities.

Och när Stella svävade bland sina medsnöflingor en gång till visste hon att hennes resa långt ifrån var över. Det fanns otaliga nya äventyr som väntade på henne, och hon var redo att omfamna dem alla. Stella hade lärt sig att även de minsta snöflingorna kunde ha de största av drömmar och att världen var en underbar plats fylld av skönhet, kärlek och oändliga möjligheter.

The Enchanted Forest Feast - Det Förtrollade Skogsbordet

In the heart of a magical forest, where ancient trees stood tall and wise, there lived a community of woodland creatures. Among them was a young squirrel named Sammy, known for his insatiable curiosity and boundless energy. Sammy had always dreamed of attending the legendary Enchanted Forest Feast, an annual event where creatures from all corners of the forest gathered to celebrate the wonders of nature.

I hjärtat av en magisk skog, där gamla träd stod höga och visdomsfulla, bodde en gemenskap av skogslevande varelser. Bland dem fanns en ung ekorre vid namn Sammy, känd för sin outtröttliga nyfikenhet och outsinlig energi. Sammy hade alltid drömt om att delta i det legendariska Enchanted Forest Feast, ett årligt evenemang där varelser från alla skogens hörn samlades för att fira naturens under.

One sunny morning, as Sammy scampered through the forest in search of acorns, he overheard a group of birds chirping excitedly about the upcoming feast. His heart leaped with joy, and he knew that this was his chance to fulfill his dream. Determined, Sammy approached the wise old owl, Olivia, who was known for her wisdom and knowledge of the forest's secrets.

En solig morgon, när Sammy snabbtade sig genom skogen i sökandet efter ekollon, hörde han en grupp fåglar kvittra upphetsat om det kommande festen. Hans hjärta hoppade av glädje, och han visste att detta var hans chans att uppfylla sin dröm. Fast besluten närmade sig Sammy den visa gamla ugglan Olivia, som var känd för sin visdom och kunskap om skogens hemligheter.

"Olivia," Sammy said with determination, "I've always dreamed of attending the Enchanted Forest Feast. Will you be my mentor and teach me everything I need to know to be a part of this magical event?"

"Olivia," sa Sammy beslutsamt, "Jag har alltid drömt om att delta i Den Förtrollade Skogens Fest. Kommer du att vara min mentor och lära mig allt jag behöver veta för att vara en del av detta magiska evenemang?"

Olivia, with her wise eyes twinkling, nodded and agreed to guide Sammy on his journey. She began by teaching him the ancient songs of the forest and the secret dances that only the woodland creatures knew. Sammy was an eager student, and he practiced tirelessly, never losing sight of his dream.

Olivia, med sina visa ögon som gnistrade, nickade och gick med på att guida Sammy på hans resa. Hon började med att lära honom de gamla sångerna i skogen och de hemliga danserna som endast skogens varelser kände till. Sammy var en ivrig elev, och han tränade obevekligt, aldrig tappade bort sin dröm.

As the day of the Enchanted Forest Feast drew near, Sammy's excitement reached a fever pitch. He had learned all the songs and dances, but he knew there was one more thing he needed—a special gift to present at the feast. Olivia suggested that he seek the guidance of the mystical Fireflies of Wisdom, who dwelled deep within the forest and could grant wisdom to those who approached them with humility and respect.

När dagen för det förtrollade skogsbordet närmade sig nådde Sammys spänning sin höjdpunkt. Han hade lärt sig alla sånger och danser, men han visste att det fanns en sak till han behövde - en särskild gåva att presentera vid festen. Olivia föreslog att han skulle söka vägledning från de mystiska Visdomens Eldflugor, som bodde djupt inne i skogen och kunde ge visdom till dem som närmar sig dem med ödmjukhet och respekt.

With Olivia by his side, Sammy embarked on a journey through the heart of the forest, guided by the soft glow of the fireflies. He encountered challenges and faced his fears, but he pressed on with determination. Finally, deep within a hidden glade, he found the Fireflies of Wisdom. They imparted their wisdom to Sammy, teaching him the importance of unity, kindness, and gratitude for the natural world.

Med Olivia vid sin sida begav sig Sammy ut på en resa genom skogens hjärta, guidad av de mjuka glöden från eldflugorna. Han stötte på utmaningar och mötte sina rädslor, men han pressade sig på med beslutsamhet. Slutligen, långt inne i en gömd glänta, hittade han Visdomens Eldflugor. De förmedlade sin visdom till Sammy, lärde honom vikten av enhet, vänlighet och tacksamhet för den naturliga världen.

Armed with his newfound wisdom and a heart full of gratitude, Sammy returned to Olivia and continued his preparations for the feast. The day of the Enchanted Forest Feast arrived, and Sammy stood before the gathered forest creatures, his heart pounding with excitement. He sang the ancient songs, danced the secret dances, and presented his gift of wisdom to the assembly.

Beväpnad med sin nyfunna visdom och ett hjärta fyllt av tacksamhet återvände Sammy till Olivia och fortsatte sina förberedelser för festen. Dagen för det förtrollade skogsbordet kom, och Sammy stod inför de samlade skogens varelser, sitt hjärta bultande av spänning. Han sjöng de gamla sångerna, dansade de hemliga danserna och presenterade sin visdomsgåva för sammankomsten.

The forest creatures listened in rapt attention, and a sense of unity and harmony filled the air. The Enchanted Forest Feast was a resounding success, and Sammy's dream had come true. He realized that the true magic of the forest was not just in its songs and dances but in the love and connection that bound its inhabitants together.

Skogens varelser lyssnade med fängslad uppmärksamhet, och en känsla av enhet och harmoni fyllde luften. Det förtrollade skogsbordet blev en stor framgång, och Sammys dröm hade gått i uppfyllelse. Han insåg att den sanna magin i skogen inte bara var i dess sånger och danser utan i kärleken och förbindelsen som band dess invånare tillsammans.

From that day on, Sammy became a beloved member of the forest community, and he continued to share the wisdom he had gained from the Fireflies of Wisdom. The Enchanted Forest Feast became a symbol of unity and gratitude, a celebration of the beauty and wonder of the natural world. And Sammy knew that his journey had not only fulfilled his dream but had also enriched the lives of all those who had gathered in the heart of the magical forest.

Från den dagen blev Sammy en älskad medlem av skogsamhället, och han fortsatte att dela med sig av den visdom han hade fått från Visdomens Eldflugor. Det förtrollade skogsbordet blev en symbol för enhet och tacksamhet, en firande av naturens skönhet och under. Och Sammy visste att hans resa inte bara hade uppfyllt hans dröm utan också hade berikat livet för alla som hade samlats i hjärtat av den magiska skogen.

The Curious Cloud - Den Nyfikna Molnet

In the vast, open sky, where the sun painted breathtaking masterpieces during the day and the stars put on a mesmerizing show at night, there lived a curious little cloud named Charlie. While the other clouds were content drifting along without a care, Charlie couldn't help but wonder what lay beyond the endless horizon of the sky.

I den vida, öppna himlen, där solen målade hisnande mästerverk på dagen och stjärnorna satte på en förtrollande föreställning på natten, bodde ett nyfiket litet moln vid namn Charlie. Medan de andra molnen nöjde sig med att driva omkring utan bekymmer kunde Charlie inte låta bli att undra vad som fanns bortom himlens oändliga horisont.

One sunny morning, as Charlie floated among his cloud friends, he decided that it was time to embark on an adventure to explore the world below. His cloud friends tried to dissuade him, warning him of the dangers that lay beyond the sky, but Charlie's curiosity was stronger than his fear. With a determined puff, he bid farewell to his cloud companions and began his descent toward the earth.

En solig morgon, när Charlie svävade bland sina molnvänner, bestämde han sig för att det var dags att ge sig ut på ett äventyr för att utforska världen nedanför. Hans molnvänner försökte avråda honom och varnade honom för farorna som lurade bortom himlen, men Charlies nyfikenhet var starkare än hans rädsla. Med ett beslutsamt puff tog han farväl av sina molnkamrater och började sin nedstigning mot jorden.

As Charlie descended, he marveled at the world below. He watched as the trees swayed in the breeze, the rivers glistened in the sunlight, and the animals went about their daily routines. Everything was so different from the sky, and Charlie couldn't help but be captivated by the beauty of it all.

När Charlie sjönk ner, förundrades han över världen nedanför. Han såg hur träden svajade i vinden, floderna glittrade i solskenet, och djuren utförde sina dagliga rutiner. Allt var så annorlunda från himlen, och Charlie kunde inte låta bli att bli förtrollad av allt det vackra.

However, as Charlie continued his descent, he noticed something troubling. The once-clear skies began to darken, and the air grew heavy with moisture. Charlie had unwittingly descended into a thunderstorm. Lightning flashed, and thunder rumbled all around him. The rain fell in torrents, soaking Charlie through and through.

Men när Charlie fortsatte sin nedstigning märkte han något oroande. Den en gång klara himlen började mörkna, och luften blev tung av fukt. Charlie hade ovetande sjunkit ner i ett åskväder. Blixten blixtrade, och åskan mullrade runt honom. Regnet föll i stridströmmar och blötte igenom Charlie helt och hållet.

Charlie was scared and disoriented. He desperately tried to rise back up into the sky, but the storm had other plans. It tossed and tumbled him, carrying him further away from the safety of the sky. Charlie felt powerless, and he realized that his curiosity had led him into a dangerous situation.

Charlie var rädd och vilse. Han försökte desperat att stiga tillbaka upp i himlen, men stormen hade andra planer. Den kastade och snurrade honom och bar honom längre bort från himlens trygghet. Charlie kände sig maktlös, och han insåg att hans nyfikenhet hade fört honom in i en farlig situation.

Just when Charlie thought all hope was lost, a gentle gust of wind came to his rescue. It lifted him high into the sky and carried him away from the storm. Charlie was relieved and grateful for the wind's help. He realized that the sky was where he truly belonged, and he had all the wonders he needed right there.

Precis när Charlie trodde att allt hopp var ute kom en mild vindpust till hans räddning. Den lyfte honom högt upp i himlen och bar honom bort från stormen. Charlie var lättad och tacksam för vindens hjälp. Han insåg att himlen var där han verkligen hörde hemma, och han hade alla under han behövde precis där.

Charlie soared back into the sky, where the sun was shining brightly once again. He reunited with his cloud friends, who welcomed him with open arms. Charlie had learned a valuable lesson about the importance of curiosity tempered with caution. He knew that while it was wonderful to explore and discover new things, it was equally important to stay safe and appreciate the beauty of home.

Charlie steg upp i himlen igen, där solen sken ljust igen. Han återförenades med sina molnvänner, som välkomnade honom med öppna armar. Charlie hade lärt sig en värdefull läxa om vikten av nyfikenhet balanserad med försiktighet. Han visste att medan det var underbart att utforska och upptäcka nya saker var det lika viktigt att vara säker och uppskatta skönheten i hemmet.

From that day on, Charlie watched over the world below with a newfound appreciation for the sky and the wonders it held. He knew that the greatest adventure of all was the one he had right above him, in the endless expanse of the open sky.

Från den dagen övervakade Charlie världen nedanför med en nyfunnen uppskattning för himlen och de under den höll. Han visste att det största äventyret av alla var det han hade precis ovanför sig, i den oändliga utsträckningen av den öppna himlen.

The Magical Garden - Den Magiska Trädgården

In a quaint little village nestled between rolling hills and meadows, there was a hidden garden that held a magical secret. The garden was unlike any other, for it was home to the most enchanting flowers that could bloom in every color of the rainbow. The villagers called it "The Garden of Wonders," and they believed it possessed the power to grant a single wish to anyone who truly believed in its magic.

I en pittoresk liten by som låg gömd mellan böljande kullar och ängar fanns en gömd trädgård som bar på en magisk hemlighet. Trädgården var inte som någon annan, för den var hem åt de mest förtrollande blommor som kunde blomma i alla färger i regnbågen. Byborna kallade den "Trädgården av Underverk," och de trodde att den besatt kraften att uppfylla en enda önskan för den som verkligen trodde på dess magi.

In this village lived a young girl named Lily, who had heard the stories of the magical garden since she was a child. She was a kind and gentle soul with a heart full of dreams. Lily's greatest wish was to bring happiness to her family, who had faced hardships for as long as she could remember. She believed that the magical garden held the key to making her wish come true.

I byn bodde en ung flicka vid namn Lily, som hade hört historierna om den magiska trädgården sedan hon var barn. Hon var en snäll och mild själ med ett hjärta fullt av drömmar. Lilys största önskan var att bringa lycka till sin familj, som hade stött på svårigheter så länge hon kunde minnas. Hon trodde att den magiska trädgården höll nyckeln till att göra hennes önskan sann.

One bright morning, with a small basket in hand, Lily set off on a journey to find the Garden of Wonders. She ventured into the forest, following the ancient, winding path that led to the garden. The birds sang a sweet melody as if guiding her way, and the sunbeams filtered through the dense leaves, casting a warm, inviting glow.

En ljus morgon, med en liten korg i handen, begav sig Lily ut på en resa för att hitta Underverksträdgården. Hon vågade sig in i skogen och följde den uråldriga, slingrande stigen som ledde till trädgården. Fåglarna sjöng en söt melodi som om de vägledde henne, och solstrålarna silades genom de täta löven och kastade en varm, inbjudande glans.

After what felt like hours of wandering, Lily finally stumbled upon a hidden clearing filled with flowers of every hue. The garden was a breathtaking sight, with petals that shimmered like gemstones and fragrances that danced through the air. It was even more magical than she had imagined.

Efter vad som kändes som timmar av vandring stötte Lily äntligen på en gömd glänta fylld med blommor i varje nyans. Trädgården var en häpnadsväckande syn, med blommor vars kronblad glittrade som ädelstenar och dofter som dansade genom luften. Den var ännu mer magisk än hon hade föreställt sig.

Lily carefully selected the most vibrant and beautiful flowers she could find and placed them in her basket. With each flower she picked, she made a wish in her heart, hoping that the magic of the garden would grant her family the happiness they deserved.

Lily valde noggrant de mest levande och vackra blommorna hon kunde hitta och lade dem i sin korg. Med varje blomma hon plockade gjorde hon en önskan i sitt hjärta, hoppades att trädgårdens magi skulle uppfylla hennes familj den lycka de förtjänade.

As the sun began to set, Lily made her way back to the village, carrying the basket of magical flowers. She believed that her wish had been heard by the garden, and her heart was filled with hope.

När solen började gå ner begav sig Lily tillbaka till byn med sin korg av magiska blommor. Hon trodde att hennes önskan hade hörts av trädgården, och hennes hjärta var fyllt av hopp.

That night, as Lily placed the flowers in a vase at her family's humble table, something truly miraculous happened. The flowers began to emit a soft, radiant glow, filling the room with a warm and comforting light. Lily's family gathered around the table, and their faces lit up with joy and contentment.

Den natten, när Lily placerade blommorna i en vas på sin familjs enkla bord, hände något verkligt mirakulöst. Blommorna började sända ut ett mjukt, strålande sken, fylla rummet med ett varmt och trösterikt ljus. Lilys familj samlades runt bordet, och deras ansikten lyste upp av glädje och tillfredsställelse.

It was then that Lily realized the true magic of the Garden of Wonders. It wasn't about granting individual wishes but about bringing happiness and togetherness to those who believed in its magic. Lily's family had never been happier, and their hearts were filled with love and gratitude.

Det var då Lily insåg den sanna magin i Underverksträdgården. Det handlade inte om att uppfylla enskilda önskningar utan att bringa lycka och samhörighet till dem som trodde på dess magi. Lilys familj hade aldrig varit lyckligare, och deras hjärtan var fyllda av kärlek och tacksamhet.

From that day on, the villagers gathered in the Garden of Wonders to share the magic of the flowers and the joy of being together. The garden had a way of bringing people closer, and the entire village flourished with happiness and unity.

Från den dagen samlades byborna i Underverksträdgården för att dela med sig av blommornas magi och glädjen att vara tillsammans. Trädgården hade ett sätt att föra människor närmare varandra, och hela byn blomstrade av lycka och enhet.

And so, the Garden of Wonders continued to be a place of beauty, magic, and love, where the belief in the extraordinary made the ordinary moments truly extraordinary.

Och så fortsatte Underverksträdgården att vara en plats för skönhet, magi och kärlek, där tron på det extraordinära gjorde de vanliga ögonblicken verkligt extraordinära.

The Brave Little Star - Den Modiga Lilla Stjärnan

———

In the vastness of the night sky, there twinkled countless stars, each with its own story to tell. Among them was a little star named Stella. Stella wasn't the biggest or the brightest star in the sky, but she had a heart filled with courage and a longing for adventure that set her apart.

I det oändliga nattskyn glittrade otaliga stjärnor, var och en med sin egen historia att berätta. Bland dem fanns en liten stjärna vid namn Stella. Stella var inte den största eller den ljusaste stjärnan på himlen, men hon hade ett hjärta fyllt av mod och en längtan efter äventyr som gjorde henne speciell.

Every night, Stella watched in awe as the older and brighter stars created breathtaking constellations. She listened to their stories of distant galaxies, comets, and planets. Stella wished she could join them and be part of their tales.

Varje natt tittade Stella förundrat när de äldre och ljusare stjärnorna skapade hisnande stjärnbilder. Hon lyssnade på deras berättelser om avlägsna galaxer, kometer och planeter. Stella önskade att hon kunde ansluta sig till dem och vara en del av deras berättelser.

One evening, as Stella was sparkling brightly, she saw a shooting star streak across the sky. It was a magnificent sight, and Stella felt a surge of inspiration. She decided that it was time to follow her dreams and set off on an adventure of her own.

En kväll när Stella glittrade ljust såg hon en stjärnfall skjuta över himlen. Det var en magnifik syn, och Stella kände en våg av inspiration. Hon bestämde sig för att det var dags att följa sina drömmar och ge sig ut på ett äventyr på egen hand.

With all her might, Stella shot across the night sky, leaving behind a trail of shimmering stardust. She ventured beyond the familiar constellations and into the unknown regions of the cosmos. Stella's heart raced with excitement as she encountered asteroids, danced with meteor showers, and even brushed past distant planets.

Med all sin kraft sköt Stella över nattens himmel och lämnade efter sig en stig av skimrande stjärnstoft. Hon vågade bortom de bekanta stjärnbilderna och in i de okända regionerna av kosmos. Stellas hjärta rusade av spänning när hon stötte på asteroider, dansade med meteorregn och även kom nära avlägsna planeter.

As the days and nights passed, Stella's adventure took her to the farthest reaches of the universe. She marveled at the beauty of distant galaxies and the majesty of swirling nebulas. Stella's courage and curiosity knew no bounds, and she treasured every moment of her extraordinary journey.

När dagar och nätter passerade tog Stellas äventyr henne till universums avlägsnaste delar. Hon förundrades över skönheten i avlägsna galaxer och det majestätiska hos virvlande nebulosor. Stellas mod och nyfikenhet kände inga gränser, och hon värderade varje ögonblick av sin extraordinära resa.

One day, as Stella gazed upon a distant blue planet, she noticed something remarkable. There, on the planet's surface, were people gazing up at the night sky, just like she used to. They pointed at the stars and made wishes, and Stella realized that her journey had come full circle.

En dag, när Stella stirrade på en avlägsen blå planet, märkte hon något anmärkningsvärt. Där, på planetens yta, fanns människor som tittade upp på natthimlen, precis som hon brukade göra. De pekade på stjärnorna och önskade sig, och Stella insåg att hennes resa hade kommit full cirkel.

With a heart full of love and wisdom gained from her adventure, Stella decided to grant the wishes of the people on the distant planet. She showered them with her radiant light, bringing them hope, inspiration, and the courage to follow their dreams, just as she had done.

Med ett hjärta fyllt av kärlek och visdom som hon hade fått från sitt äventyr bestämde sig Stella för att uppfylla människornas önskningar på den avlägsna planeten. Hon öste dem med sitt strålande ljus, gav dem hopp, inspiration och mod att följa sina drömmar, precis som hon hade gjort.

From that day forward, Stella continued to shine brightly in the night sky, not as the biggest or brightest star but as the most courageous and inspiring one. She reminded everyone that no dream was too distant or too impossible to chase, and that the universe was filled with endless wonders waiting to be explored.

Från den dagen fortsatte Stella att lysa ljust på natthimlen, inte som den största eller ljusaste stjärnan utan som den mest modiga och inspirerande. Hon påminde alla om att ingen dröm var för avlägsen eller för omöjlig att följa och att universum var fyllt av oändliga under som väntade på att utforskas.

And so, Stella's light became a beacon of hope and inspiration for all, a reminder that even the smallest star could shine the brightest when it followed its heart.

Så blev Stellas ljus en fyr av hopp och inspiration för alla, en påminnelse om att även den minsta stjärnan kunde lysa starkast när den följde sitt hjärta.

The Mischievous Moonbeam - Den Busiga Månstrålen

Once upon a time, in a peaceful village nestled at the foot of a grand mountain, there was a tiny moonbeam named Luna. While all the other moonbeams followed their paths in a straight line from the moon to Earth, Luna had a mischievous streak. She loved to play tricks and create moonlight patterns that danced across the night sky.

En gång i tiden, i en fridfull by som låg vid foten av ett storslaget berg, fanns det en liten månstråle vid namn Luna. Medan alla de andra månstrålarna följde sina banor i en rak linje från månen till jorden hade Luna en busig sida. Hon älskade att leka spratt och skapa månljusmönster som dansade över natthimlen.

Every night, Luna would sneak away from her usual path and weave intricate patterns of light across the sky. She'd create dazzling shapes, from crescent moons to twinkling stars, and the villagers would gather in awe to watch the magical display.

Varje natt smög Luna sig iväg från sin vanliga bana och vävde intrikata ljusmönster över himlen. Hon skapade bländande former, från halvmånar till glittrande stjärnor, och byborna samlades i förundran för att se den magiska uppvisningen.

One clear night, as Luna was playing her tricks, she noticed a lonely, sad owl perched on a branch of a giant oak tree. The owl's hoots were filled with sorrow, and Luna felt a pang of sympathy for the bird. She decided to use her moonlight magic to bring a smile to the owl's face.

En klar natt, när Luna lekte med sina trick, märkte hon en ensam, ledsen uggla som satt på en gren av en gigantisk ek. Ugglans hoanden var fyllda av sorg, och Luna kände medkänsla för fågeln. Hon bestämde sig för att använda sin månljusmagi för att få ugglan att le.

Luna created a beautiful moonlight painting in the shape of a radiant moon with a joyful expression. It shone brightly, casting a warm glow on the owl's perch. The owl blinked its large, round eyes in surprise and then broke into a wide smile.

Luna skapade en vacker månljusmålning i form av en strålande måne med ett glatt uttryck. Den sken ljust och kastade en varm glans över ugglans plats. Ugglan blinkade med sina stora, runda ögon av överraskning och bröt sedan ut i ett brett leende.

From that moment on, Luna and the owl became the best of friends. They would spend their nights together, with Luna creating beautiful moonlight paintings and the owl adding its hoots and songs to the magical display. The villagers would often hear the owl's cheerful tunes and gaze up at the night sky, where Luna's playful moonbeam patterns filled their hearts with wonder and joy.

Från den stunden blev Luna och ugglan de bästa vännerna. De tillbringade sina nätter tillsammans, medan Luna skapade vackra månljusmålningar och ugglan lade till sina hoanden och sånger till den magiska uppvisningen. Byborna hörde ofta ugglans glada

But Luna's heart still held a special place for her mischievous
side, so she continued to play tricks on the other moonbeams
now and then, adding a touch of whimsy and surprise to the
night sky.

*Men Lunas hjärta hade fortfarande en speciell plats för hennes
busiga sida, så hon fortsatte att lura de andra månstrålarna då
och då, och lade till en touch av lekfullhet och överraskning på
natthimlen.*

And so, Luna the mischievous moonbeam and her owl friend
brought magic and joy to the village and beyond, reminding
everyone that sometimes a little mischief can make life more
enchanting.

*Och så försåg Luna, den busiga månstrålen, och hennes ugglevän
byn och bortom med magi och glädje, och påminde alla om att
ibland kan lite bus göra livet mer förtrollande.*

The Lost Songbird - Den Förlorade Sångfågeln

In a lush forest teeming with vibrant flora and fauna, there lived a small, golden songbird named Melody. Melody had the most enchanting voice in the entire forest, and her melodious songs would fill the air with joy and wonder every morning.

I en frodig skog som myllrade av livfull flora och fauna fanns en liten, gyllene sångfågel vid namn Melodi. Melodi hade den mest förtrollande rösten i hela skogen, och hennes melodiska sånger fyllde luften med glädje och förtjusning varje morgon.

The animals of the forest would gather from near and far to listen to Melody's songs. Her music was a source of solace, inspiration, and unity among all the creatures of the woods. The trees swayed in time with her tunes, and the flowers seemed to bloom brighter as she sang.

Skogens djur skulle samlas från när och fjärran för att lyssna på Melodis sånger. Hennes musik var en källa till tröst, inspiration och enhet bland alla skogens varelser. Träden svajade i takt med hennes melodier, och blommorna verkade blomma klarare när hon sjöng.

One day, as Melody perched on her favorite branch, a sudden gust of wind carried away her most treasured possession: her songbook. She watched in dismay as the book tumbled through the forest, its pages scattering like autumn leaves. Her songs, carefully written over the years, were now lost to the wilderness.

En dag, när Melodi satt på sin favoritgren, bar en plötslig vindpust bort hennes mest älskade ägodel: hennes sångbok. Hon såg i förtvivlan när boken snurrade genom skogen, dess sidor spridda som höstlöv. Hennes sånger, noggrant skrivna under åren, var nu förlorade för vildmarken.

Distraught and unable to sing without her songs, Melody set off on a journey to find her lost songbook. She ventured deep into the heart of the forest, asking every creature she met if they had seen her precious book. But the forest was vast and full of mysteries, and her songs remained elusive.

Förkrossad och oförmögen att sjunga utan sina sånger begav sig Melodi ut på en resa för att hitta sin förlorade sångbok. Hon vågade djupt in i skogens hjärta och frågade varje varelse hon mötte om de hade sett hennes dyrbara bok. Men skogen var vidsträckt och full av mysterier, och hennes sånger förblev undflyende.

Days turned into weeks, and Melody's hope began to wane. She had almost given up when she met a wise old owl perched high in the tallest tree. The owl listened to her story and then spoke with a voice as gentle as the rustling leaves.

Dagar blev veckor, och Melodis hopp började falna. Hon hade nästan gett upp när hon träffade en vis gammal uggla som satt högt uppe i det högsta trädet. Ugglan lyssnade på hennes berättelse och talade sedan med en röst lika mild som susande löv.

"Little songbird," said the owl, "sometimes what we seek is not in the finding but in the journey itself. Your songs live within you, and no book can ever truly contain them. Sing from your heart, and your melodies will return to you."

"Lilla sångfågel," sa ugglan, "ibland finns det vi söker inte i att hitta det utan i själva resan. Dina sånger lever inom dig, och ingen bok kan någonsin riktigt innesluta dem. Sjung från ditt hjärta, och dina melodier ska återvända till dig."

Melody closed her eyes, took a deep breath, and let her heart guide her voice. She sang a song of hope and resilience, pouring her emotions into every note. As her song filled the forest, the creatures gathered around, drawn to the beauty of her voice.

Melodi stängde sina ögon, tog ett djupt andetag och lät sitt hjärta vägleda hennes röst. Hon sjöng en sång om hopp och motståndskraft och hällde sina känslor i varje ton. När hennes sång fyllde skogen samlades varelserna runt, dragna av skönheten i hennes röst.

Suddenly, a soft breeze rustled through the trees, carrying with it the pages of Melody's lost songbook. They fluttered down one by one, settling at her feet. Melody's heart swelled with joy as she realized that her songs had returned to her through the magic of her own voice.

Plötsligt brusade en mjuk bris genom träden och bar med sig sidorna från Melodis förlorade sångbok. De fladdrade ner en efter en och slog sig ner vid hennes fötter. Melodis hjärta svällde av glädje när hon insåg att hennes sånger hade återvänt till henne genom magin i hennes egen röst.

From that day on, Melody continued to sing her songs of joy, hope, and unity. She understood that her music was not just in her songbook but in the hearts of those who heard it. And in her songs, the forest found a melody that bound all its creatures together in harmony.

And so, the lost songbird learned that sometimes, what we think we've lost is right where it belongs, waiting to be rediscovered in the most unexpected places.

Och så lärde den förlorade sångfågeln att ibland är det vi tror att vi har förlorat precis där det hör hemma, redo att återupptäckas på de mest oväntade platserna.